Hope you enjoy experiencing the poems.

साँसों का सफर

प्रिया तिखे

9th Feb 2025

भारत में मुद्रित
ISBN : 978-93-5776-892-4

THE WRITE ORDER

प्रथम संस्करण : २०२३
दी राइट ऑर्डर
कोरमंगला, बैंगलोर
कर्नाटक - ५६००२९
दी राइट ऑर्डर पब्लिकेशंस
www.thewriteorder.com

कुछ ऐसी पंक्तियाँ जिनमें एक शब्द से दूसरे शब्द तक की दूरी में आप कई संवेदनाओं, आकांक्षाओं, और भावनाओं का सफर तय कर लेते हैं। एक ऐसी ज़िंदगी जी लेते हैं जिसके हर मंथन में एक ठहराव है। हर मोड़ पे ऐसे परिदृश्य हैं कि अनायास ही ज़िन्दगी की ओर हर्षित सा एक और कदम अपने आप ही बढ़ जाता है।

प्रिया तिखे के कलम से निकले ये शब्द आपके अंतर्मन का आईना है। एक-एक पंक्ति गहन सोच के साथ, सूक्ष्मता से पिरोई गयी है। इस उम्दा फनकारी के लिए प्रिया तिखे जी को हार्दिक बधाई। लेखकों के परिवार से आने वाली प्रिया तिखे जी की अनुपम शैली अद्वितीय है। इतने प्रभावी कुटुम्ब में अपनी सोच और शैली का अनुरक्षण प्रशंसनीय है।

लेखिका के कलम से और कृतियों की आशा के साथ...

-प्रियांका लाल

(प्रियांका लाल बचपन से ही लेखन में रूचि रखती हैं। इनकी पहली किताब, 'दी ग़ेज़ बुश' साल २०१५ में प्रकाशित हुई थी और इनकी लेखनी को पाठकों द्वारा काफी सराहा गया। दूसरी किताब 'शैडोस ऑफ़ दी नाइट' जो कि एक लघु कथाओं का संकलन है साल २०१८ में प्रकाशित हुई। 'योर कोट' और 'इंस्टाग्राम' पर प्रियांका की लिखी हिंदी एवं अंग्रेजी कविताएँ काफी लोकप्रिय हैं।)

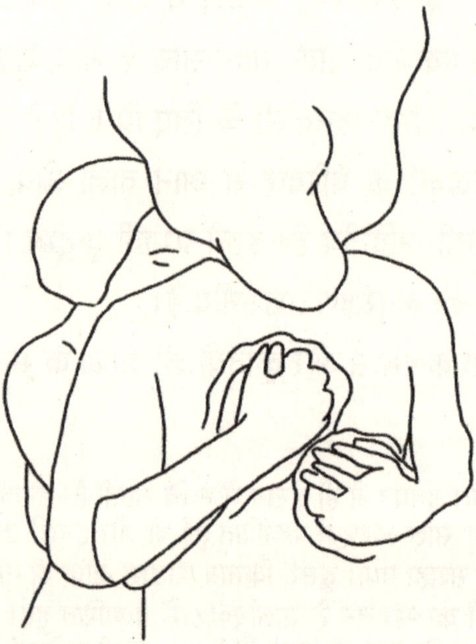

कुछ और भी कहने और सुनने का मन है
दोस्ती सिर्फ़ एक लफ़्ज़ दिया है उस पल को हमने
ये प्रेरणा है, या सुकून और चाह की मिलावट की हमने,
सोच और समझ के दरमियान क्या लकीर खींच दें,
कुछ पलों के लिए ही सही क्या हम थोड़ा जी ले,
कश्मकश में रहते मन बोले रुक जा ज़रा
यह वक्त रूमानी नहीं रूहानी है।

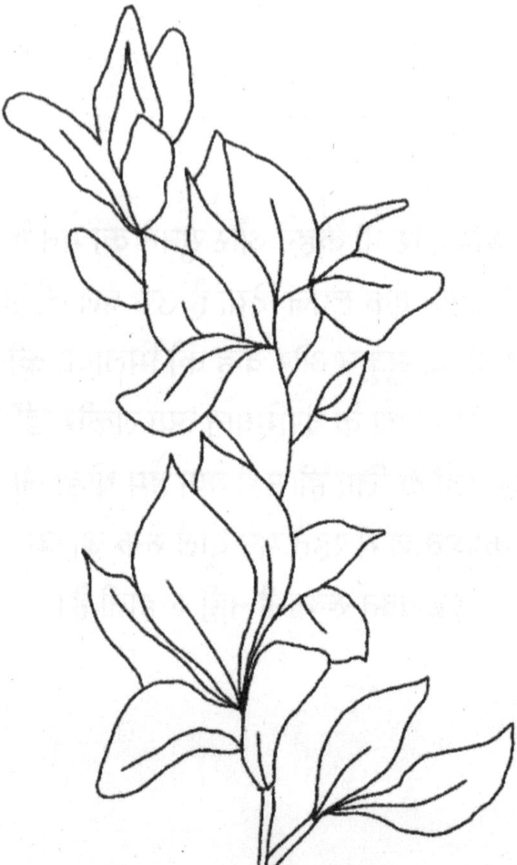

इंतज़ार करने में भी मज़ा है
ना पाना मीठी सज़ा है
कभी तो हम याद आएँगे उन्हें
होश खोना तो हमारी अदा है।

कहीं प्यार ना हो जाए
सोच से परे कहीं हम ना खो जाएँ
सब्र किया, और लम्हें चले गये
अब लगता है, समेट लेते इन लम्हों को
बांध लेते मुट्ठी में दुनिया को
अब बस यादें रह गई हैं
आखें मूँद लें आख़िरी दम तक।

उनको खबर भी नहीं हमारे दर्द की
उनके पैरों तले दबे दिल की
चलते रहे वह आगे बढ़ कर
बस समझे नहीं गहराई नमी की।

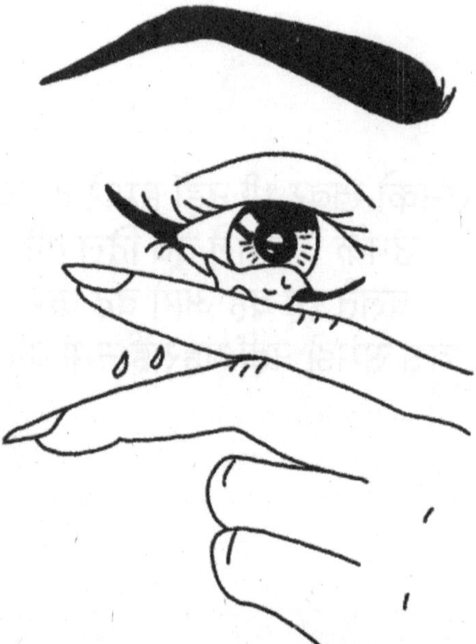

किसी को अपना दिल देना एक दर्द है
किसी की आस लगाना भी दर्द है
उनको हमारी कद्र नहीं या प्यार नहीं
यही सोच और शिकायत लगता क़र्ज़ है
इस दर्द के क़र्ज़ को कैसे मिटाएँ
जब प्यार करना लगता एक मर्ज़ है।

त्योहार की ख़ुशियाँ आयी तेरे साथ
सुबह की सौंधली धूप का मज़ा भी तेरे साथ
तेरी बेवफ़ाई ने ले लिया मेरा ग़ुरूर
अब अपना साथ भी लगता है ख़राब।

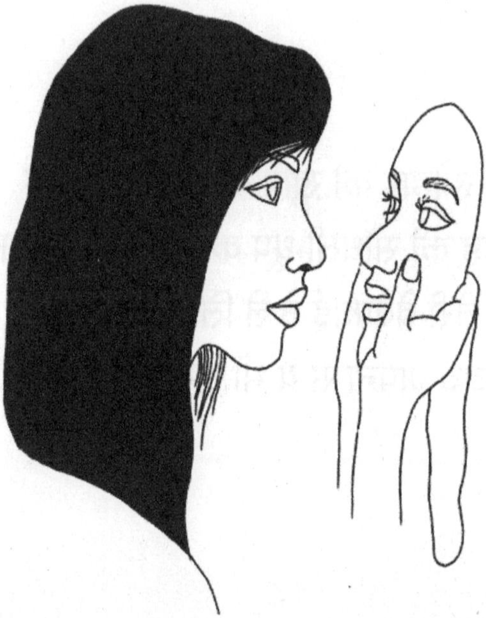

कितने चेहरे हैं तेरे
फिर भी तू ख़ूबसूरत लगे
दूर से भाँप ना पाए तुझे कोई
पास से तू समझ न आए
चाँद कहते हैं तुझे
हम तो यूँ ही गर्व करने लगे।

तुमसे दो पल क्या मिले
दिल में आस जगा गये
हर लफ्ज़ इन होठों से
हमें बेक़रार कर गये
तनहाई ने पास आ के कहा
इस ख़ुशी को समेट ले ज़रा
कहीं ये पल भी ना
तुम्हारे साथ निकल जाए।

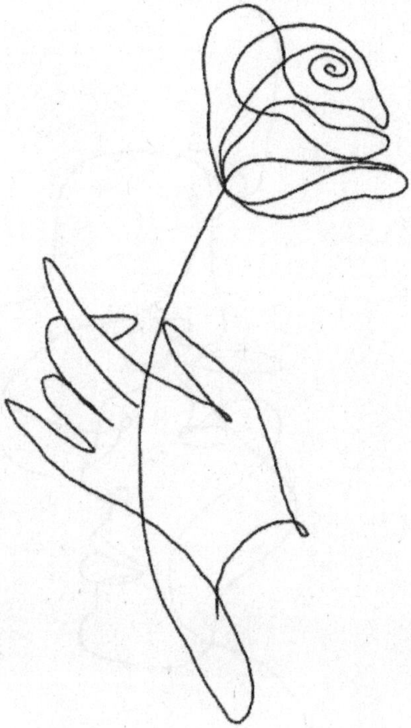

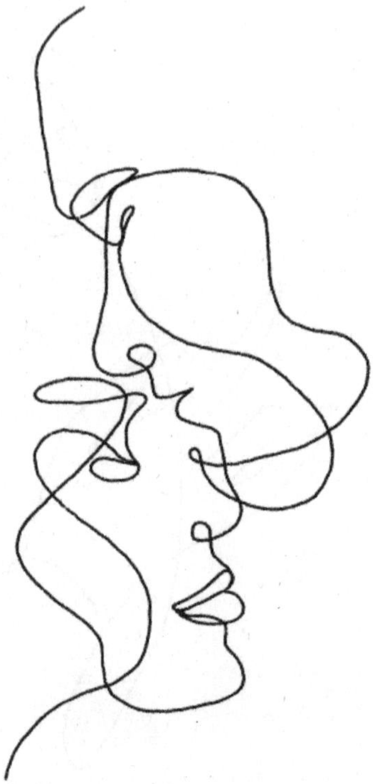

तेरे स्पर्श से दिल की धड़कनें बढ़ जाए
इन धड़कनों को कैसे संभालूँ
मेरी साँसे कहे, यह वक़्त ठहर जाए
आँखें बंद करूँ तो वो लम्हा भुला ना पाऊँ
छूना तो सिर्फ़ एक बहाना लगे
दिल कहता है, यहीं ठहर जाऊँ
और भी ख्वाहिशों की लहरें चली आईं
थोड़े से ज़्यादा की क़ीमत समेट लाईं।

नींद कैसे आए जब तू जागा है
बातें ना रुकें, यह पल आधा है
कभी तो रहे वक़्त का तक़ाज़ा
यह दिल ना माने
पास रहे तू बस इतना चाहा है।

बात करने का मन तो बहुत है
तुमसे कुछ कहने का दिल तो बहुत है
दोस्ती की शुरुवात कहें इसे
या हमारे सुकून की मिलावट है।

याद भी किया किसी और ने
फूल भी भेजे किसी और ने
इज़हार भी किया किसी और ने
यहाँ आँखें तरस गईं वक़्त को देख कर
उम्मीद में लगाये हुए बैठकर
आया नहीं उनसे पैग़ाम
जिनको माना तुमसे बढ़कर
यह छोटी सी ख्वाहिशें रह गई हमारी
वरना कब के आ जाते हम तेरे पास
मीरा की तरह दासी बनकर

आत्म-परिचय

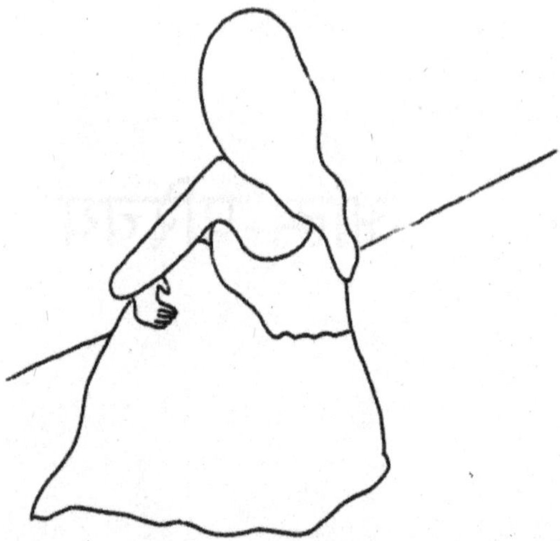

तन्हायी अब खूबसूरत लगे
अपना साथ भी अच्छा लगे
मौक़े ने कहा, जी ले तू भी थोड़ा
खुश क़िस्मत है,
क्या पता यह वक़्त भी ना रहे।

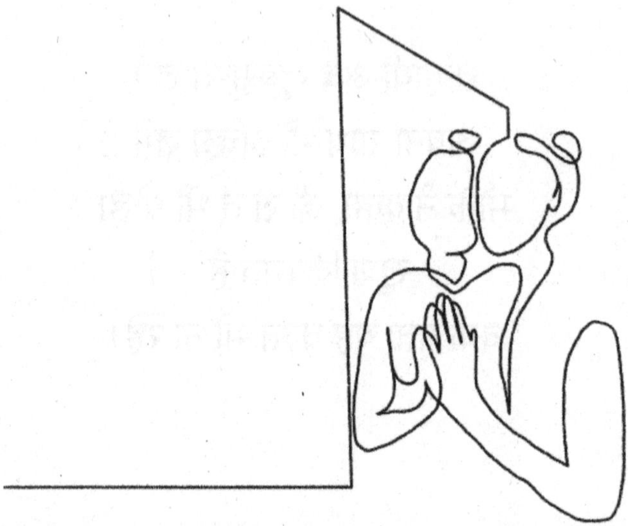

सुनने समझने की चाहत ने कहा,
हमें और भी पहचानना है तुम्हें,
हमने कहा चाहत से,
मौक़ा नहीं गवाना हमें,
क्या यही एक रास्ता है?
पल ने कहा सफ़र अभी आधा है,
पूरा करेंगे ये हमारा वादा है।

वो कुछ सिखा गये
ज़िंदगी के उसूल समझा गये
अभी थोड़ा सा और डटे रहना है
कुछ उन्हें भी सिखाना समझाना है
कुछ हमें भी अपने क़रीब आना है
हमने भी ज़िंदगी से कह दिया
ये सफ़र ख़त्म होगा वहाँ
ख्वाहिशों का रास्ता बंद होगा जहाँ।

इतनी तो जगह बना ली थी हमने,
सोचा वो मिलने आएँगे,
ख़ैर उम्मीद उनसे लगाये बैठे थे
जो इस शब्द की अहमियत भी ना जाने।

अच्छा सा लग रहा है
आशा की दिशा को छोड़ कर,
ख़ुद से लगाव होने लगा है
अपनों का प्यार देख कर,
कुछ तो अच्छा किया है
दिलों में जगह बनाकर।

ख़ुद से जब प्यार हुआ
पता चला कि मैं भी खूबसूरत हूँ
दुनिया का खेल समझा
पता चला कि वो भी खूबसूरत है
और भी कई मुश्किलें हैं आगे
फिर भी लगा ये जहाँ खूबसूरत है
बस कुछ नज़रिए का फ़र्क
और थोड़ी सी समझ है बाक़ी
वरना दुनिया का हर पल खूबसूरत है

आज थोड़ा खुश हुआ मन
मन बोले भुला दे सारे ग़म
मुलाक़ात हुई फिर हक़ीक़त से
होश में आये तब समझे
की सब कुछ है मिथ्य माया और भ्रम।

सोचा कि अब पहुँच गये वहाँ
रास्तों ने फिर मोड़ दिया हमें
कहा, अभी और भी है जहाँ
क्यों वहीं पे रुख़ खींचे है
रुकना नहीं हैं हमें यहाँ
कहती वो आवाज़ हमें
धीरज का पुल बांध लो
बताएगा मन जाना है कहाँ।

कहानी ऐसी है कि सोच रुक जाये
वक़्त ऐसा आया कि शर्म छुप जाये
ज़िंदगी ने जैसे ही रुख़ बदलना चाहा
आँखों से दोस्ती हुई और फ़ासले क़रीब हुए
अब इस मोड़ पर आकर समझ नहीं आता
कौन हूँ मैं और किस रास्ते पर चलूँ
दिल की धड़कनों को संभालूँ
कि बह जाने का रास्ता चुनूँ
मन की आवाज़ ने कहा,
थम जा ज़रा, ठहराव की ज़रूरत है।

आज फिर से यह मन बोलता है
कि दुनिया दारी में क्या रखा है
तोड़ दो सारे रीति रिवाज़
और कर ले मनमानी
फिर ना मिले यह मौक़ा
आधी-अधूरी ना रह जाए
वो दिल में बसी कहानी
ख़्वाबों ने कहा, आँखें खोल मेरे दोस्त
सच्चाई से मुलाक़ात किया जाए
सच ने कहा, आईना में देख लेना ख़ुद को
आज की परिभाषा और क़रीब हो जाए।

इतना दर्द सहना मुश्किल हो रहा है
ख़ुद से बात करके मन रो रहा है
अकेलापन ने रूह छूने की गुस्ताखी कर ली
और सवालों की लंबी क़तार खड़ी कर दी
तुम सही हो या ग़लत?
ग़लत और सही करने की समझ होती
तो क्या यह दर्द होता?
जब भी इन दो राह पे चलना हुआ
दर्द ने साथ चलने की आदत डाल दी
बस कुछ और देर भटकना हुआ
तब आख़िरी साँस ने समझाया
इसी का साथ सच्चा था
ज़िंदगी का यह आख़िरी पर्चा था।

जाना तो सिर्फ़ एक बहाना है
और थोड़ा सा सीखना और सिखाना है
मेरी नज़र से देखो तो
आगे भी वही आशियाना है!